AF267815

QUATRE LETTRES.

QUATRE LETTRES

PAR

LÉON MARIE

DOCTEUR EN MÉDECINE, EX-INTERNE DES HOSPICES CIVILS, ETC.

Rendez à César ce qui appartient à César.

PARIS

IMPRIMERIE LANGE LÉVY ET COMPAGNIE

RUE DU CROISSANT, 16.

1841

QUATRE LETTRES.

Rendez à César ce qui appartient
à César.

Je livre au public quatre lettres écrites au sujet des calomnies répandues depuis quelques jours sur mon compte. Ces imputations sont absurdes, par cela même dangereuses ; le peuple en est toujours la dupe. Qu'un mensonge soit débité, il est cru et propagé par une foule de gens souvent de la meilleure foi du monde ; ainsi s'explique le succès de tous ces Robert Macaire que le crayon de Daumier a stigmatisés avec tant de bonheur. Voici à quelle occasion ces absurdités ont été jetées dans le public : deux médecins avaient vu la même malade ; l'un, M. Marie, avait annoncé une fièvre maligne ; l'autre, M. Rampont, avait été d'un avis différent. M. Rampont, se chargeant de la direction de la malade, a le malheur de la perdre en sept heures. Le plus simple bon sens indiquait que M. Marie s'étant retiré, sa responsabilité était dégagée ; mais l'intrigue ne raisonne pas comme le bon sens et c'est sur M. Marie, et sur M. Marie seulement que s'est élevée une rumeur qu'il est difficile de caractériser. Si un pilote, après avoir heureusement traversé les passes difficiles qui masquent l'entrée du port, au moment de le toucher, se voyait enlever brusquement la barre par un confrère qui irait briser maladroitement le navire contre les jetées, dirait-on que c'est la faute du premier? Assurément personne n'y songerait. C'est pourtant ainsi que les choses viennent de se passer dans une circonstance toute semblable. Les lettres suivantes en sontl a preuve; je les livre au public sans commentaires; elles pourront l'éclairer sur l'origine de toutes ces rumeurs qui, depuis quelque temps, s'élèvent chaque fois que l'un des deux médecins qui habitent Sarcelles (moi surtout, comme jugé digne de plus d'honneur) vient à perdre un malade, tandis qu'un concert de louanges s'élève en pareil cas à la gloire du médecin qui habite Villiers-le-Bel.

A monsieur le docteur Rampont,

« Monsieur, il me revient de tous les côtés que vous avéz dit hier, que si Mlle Louise Gillet est morte, c'est que je l'ai mal soignée. Je suis curieux de savoir si vous avez réellement cette prétention et si vous êtes disposé à la soutenir. Vous me rendrez vraiment service en m'apprenant en quoi j'ai délinqué dans la conduite d'une maladie que mercredi matin j'avais eu le bonheur de remettre pour la seconde fois hors de tout danger. J'ai pu et dû annoncer à la famille cet heureux résultat, et lui offrir même de la faire confirmer par la bouche de tel médecin instruit que l'on voudrait, excepté vous, bien entendu. Vous savez qu'à cet effet il fut convenu d'abord que M. Dièche serait appelé; qu'ensuite, apprenant avec surprise qu'en mon absence vous étiez venu contredire mes assertions et prescrire un traitement, j'offris de faire venir, à mes frais, deux des médecins de Saint-Denis; que je n'y renonçai que sur les prières d'une mère désolée qui craignait l'impression que leur vue pourrait faire à sa fille ; que troisièmement enfin j'obtins que M. Rougeon serait appelé. Ceci se passa de huit à neuf heures. Ces trois points bien établis, vous me ferez, je le répète, le plus grand plaisir de m'apprendre en quoi j'ai délinqué dans le traitement d'une maladie qui, débarrassée par moi de tout danger, mercredi à huit heures du matin, s'est terminée sous votre conduite par la mort en sept heures seulement. C'est fâcheux pour vous, mais ce n'est pas à moi à vous offrir des consolations.

» Pour plus grande clarté, j'ajoute que, dès le premier moment, répondant à quelques insinuations, j'ai déclaré hautement qu'une méthode qui consisterait à *tirer du sang à l'entrée d'une convalescence et immédiatement après une crise qui venait d'écarter tout danger*, me semble une méthode pernicieuse : certes, j'étais loin de penser alors qu'un funeste événement viendrait sitôt justifier mes prévisions.

» J'attends votre réponse, non pour ma justification, je n'en ai pas besoin, mais pour la vôtre, et j'ai l'honneur d'être,

Le médecin des épidémies du canton d'Ecouen ,

J. L. MARIE. »

Sarcelles, 1er octobre 1841.

Ne recevant pas de réponse, trois jours après j'écrivis à M. Rampont la lettre suivante :

« Monsieur,

» Je suis surpris de ne pas recevoir de réponse à la lettre que je vous ai adressée le 1er courant. Cette réponse était pourtant bien facile. Ou vous avez tenu le propos qu'on vous prête, ou vous ne l'avez pas tenu? Si vous ne l'avez pas tenu, pourquoi ne pas le dire; si vous l'avez tenu, comme en pareille circonstance un médecin ne hasarde pas de paroles téméraires, vous devez être nécessairement en état de soutenir votre opinion. Pensez-vous que j'aie commis quelque faute? dites-le franchement ; ce ne sera pas devant des cultivateurs faciles à tromper, ni devant des commères qui sont toujours pour qui les paie, que nous engagerons le débat ; non, nous aurons un tribunal moins bruyant, tout scientifique, l'Académie royale ou les journaux de médecine sont là. Nous pourrons librement, tranquillement discuter nos raisons, et je vous promets d'avance de laisser la question de dignité à part, et de me renfermer uniquement dans la question scientifique : vous voyez que je suis généreux. Vous avez annoncé une inflammation intestinale là où je voyais une fièvre maligne ; je serai curieux, et sans doute le public médical aussi, de connaître une inflammation des intestins sans tuméfaction, chaleur ou douleur de ventre ; sans coliques, constipation ou diarrhée ; avec des selles, des urines na-turelles et régulières ; sans soif, en un mot sans autre dérange-ment dans les fonctions organiques que l'inappétence, et cela pen-dant neuf jours consécutifs ; pour moi, je ne connais pas ces in-flammations intestinales là.

» Si, du reste, vous pensez vous tirer d'affaire par un silence calculé, je vous avertis que c'est bien inutile ; déterminé à avoir une réponse de vous, je l'aurai à quelque prix que ce soit. Si d'ici à mercredi vous ne me répondez pas, bien à regret, croyez-le, je suis ennemi du scandale, je me verrai forcé d'employer un moyen sûr pour vous délier la langue. A partir du moment où vous avez prescrit un traitement, Mlle Gillet a cessé d'être sous ma direc-tion, et il ne sera pas dit qu'après m'être vu enlever l'honneur d'une belle cure ce sera sur moi que s'élèveront des rumeurs pu-bliques si vous êtes malheureux. Comment, une masse de gens, soldés ou trompés, débiteront dans les familles, dans les lieux publics, colporteront dans les villages voisins que je n'entends rien à la médecine, que je suis un fléau pour Sarcelles, que l'on devrait me chasser, etc., etc., et ils le feront impunément ! Et tout cela, parce qu'après m'avoir vu ravir brutalement mes malades, ces mêmes malades seront morts promptement entre vos mains ! Voilà déjà plusieurs fois que ce scandale se renouvelle ; cette guerre ignoble doit finir : la dignité médicale l'exige impérieusement.

» Je vous préviens encore que je ne me contenterai pas de ces formules banales à l'usage des intrigans, passez-moi le mot, telles que : on m'appelle trop tard ; j'eusse sauvé la malade si l'on m'eût appelé trois jours plutôt, etc.; graine de niais que tout cela, je ne me paie pas de cette monnaie. Si pour vous l'état de la malade était désespéré, que ne vous retiriez-vous immédiatement ? Vous n'aviez rien à prescrire : que voulez-vous ordonner à un agonisant ! Mais non, vous avez pensé autrement, la preuve c'est que vous avez prescrit un traitement. Quel a-t-il été ? Qu'en est-il résulté ? Je ne le connais pas, je ne l'examine pas, je ne le juge pas ; encore une fois cela vous regarde, c'est votre affaire, je n'ai rien à y voir : Mlle Gillet n'était plus ma malade. D'après cela vous voyez bien qu'une réponse de votre part devient indispensable et que pas un homme de bon sens ne songera à m'imputer le malheur qui est arrivé.

» J'ai l'honneur d'être,

» Le médecin des épidémies du canton d'Écouen,

J. L. Marie.

Sarcelles, 4 octobre 1841.

» P. S. Pour vous ôter tout prétexte d'ignorance, j'affranchis cette lettre et j'y joins la copie de celle du 1er octobre. »

Croira-t-on qu'à ces deux lettres si claires, si précises, M. Rampont, après deux nouveaux jours d'attente, n'a trouvé à faire que la réponse suivante ! Aux personnes qui seraient tentées d'en douter, je puis montrer l'original que je conserve précieusement. La ponctuation a été religieusement conservée.

A M. le docteur Marie.

« Monsieur,

» Je ne pense pas que vous songiez sérieusement à mettre à exécution vos projets. Car ne serait-il pas étrange de voir le diffamé traîné à la barre pour se justifier d'outrages qu'il aurait reçus, c'est donc à moi à qui l'initiative reviendrait de droit. Pour un homme qui n'aime pas le scandale, vous voulez faire bien du bruit. J'ai mis dans cette circonstance la réserve et la modération dont j'ai toujours usé à votre égard et dont vous ne m'avez jamais su gré, c'est probablement ce qui me vaut aujourd'hui des menaces. Je ne les crains pas, entendez-vous, monsieur ? Je ne reconnais d'autres juges à un médecin que sa conscience et le bon sens public : faites comme moi, soumettez-vous à ses jugemens. Car les tribunaux, pas plus que l'Académie, n'ont rien à faire dans ces sortes de débats.

» A l'avenir je ne recevrai plus vos lettres affranchies ou non.

AL. RAMPONT, D. M. P. »

Sans autre date que le timbre de la poste.

Cette lettre à peine reçue, j'ai adressé la suivante à M. Gillet, dit Jean Denis, grand-père de feu Mlle Louise Gillet.

« Monsieur,

» La mort inattendue de votre petite-fille, jeune personne char-
mante, pleine d'esprit et donnant les plus belles espérances, vient
de jeter la désolation dans votre famille. Elle a été le texte de
rumeurs populaires et de calomnies inconcevables ; l'opinion pu-
blique a été un instant égarée. Aujourd'hui, la vérité est connue
en dépit de ceux qui avaient intérêt à semer le mensonge, et l'erreur n'est plus possible pour personne. Je ne viendrais donc pas
réveiller de douloureux souvenirs si je ne savais que quelques
membres de votre famille ont partagé un moment l'erreur qu'on
avait cherché à propager : tant la calomnie avait été habilement
conduite ! Je tiens à détruire jusqu'à l'ombre même de ces odieux
mensonges; ainsi, permettez-moi de vous retracer en quelques
mots, à vous, chef de la famille, l'historique de ce douloureux
événement.

» A la suite de la suppression imprudente d'un cautère, votre
petite-fille éprouva le dimanche 19 septembre, les premiers symptômes d'une fièvre maligne ; le lendemain, il n'y avait plus de
doute possible, cette fièvre terrible qui mord sans aboyer était
déclarée; le quatrième jour un abcès critique dans la bouche enleva
les symptômes les plus graves, la convalescence s'annonça ; elle
se confirma les vendredi, samedi, dimanche et lundi matin ; la
malade prenait quelques alimens légers, elle se levait le temps de
faire son lit, le dimanche elle put même rester une demi-heure
levée ; bref, il ne restait avec la propension au sommeil que l'acca-
blement propre à toutes les maladies qui attaquent le système ner-
veux. Le mardi, 28, les choses changèrent de face ; des symptômes
effrayans parurent ; la langue, jusqu'alors humide, était sèche et
noire ; la peau brûlante, une fièvre considérable, les sens, les sé-
crétions profondément altérés annonçaient évidemment *une rechute* et une rechute bien autrement grave que la maladie première qui n'avait jamais offert de symptômes inquiétans. Une seule

espérance me restait ; une sécrétion intestinale critique, analogue de l'abcès qui avait terminé la première maladie, se manifestait ; elle seule pouvait sauver la malade, aussi me gardais-je bien de contrarier sa marche par une révulsion intempestive, comme on le fait trop souvent en pareille circonstance ; et le mercredi matin j'eus le bonheur de retrouver *la langue belle, humide dans toute son étendue, le pouls mou et moins fréquent, la peau moite, la surdité diminuée, etc.*; le danger était évidemment passé et si bien passé qu'un médecin que l'on dit instruit, put croire en mon absence qu'il avait devant les yeux une inflammation intestinale, c'est-à-dire la plus commune de toutes les maladies, *une maladie légère qui n'offre jamais de danger tant qu'elle est simple et bien conduite*, la maladie enfin que l'on appelle dans ce pays-ci une bouffée de fièvre.

» Sûr dès lors du salut de la malade, j'annonçai cette bonne nouvelle à Mme Gillet. Pourquoi faut-il qu'elle ait manqué de fermeté ! On lui avait parlé de consultations ; elle crut sauver sa fille par ce moyen. Loin de moi l'idée de lui en faire un reproche , devant une pareille douleur, je n'ai que des larmes ; elle pleure, sa fille ! Et moi, ceux qui croyaient mettre à couvert leur responsabilité sous le mensonge, ont seulement essayé de ternir ma réputation ; mais tôt ou tard la vérité finit par se faire jour.

» Aux premiers mots de consultation à prendre de M. Rampont, je refusai, mais en proposant immédiatement de faire confirmer mes assertions par tel médecin instruit que l'on voudrait. Il fut convenu que M. Dièche serait appelé. Pourquoi ne l'a-t-on pas fait ? je l'ignore. Ce qui est certain, c'est que moins de vingt minutes après je voyais M. Rampont s'en retourner à Villiers-le-Bel, et que j'étais loin de penser alors qu'il eût vu la malade ; je ne le sus que vers neuf heures. Il avait eu d'autres idées sur la nature du mal , il avait annoncé *une inflammation des intestins.* Je conçois son erreur ; appelé à cet instant de la maladie en l'absence de la seule personne qui pût lui donner des renseignemens complets, il a pu prendre *une sécrétion intestinale critique pour le signe d'une inflammation qui n'existait pas* ; de plus habiles que lui s'y seraient trompés. Il est donc excusable sous ce rapport; mais ce qui n'a pas d'excuse, ce qui est d'une témérité rare, c'est d'avoir osé s'aventurer à prescrire un traitement en l'absence de la seule personne capable de lui faire éviter l'erreur dans laquelle il devait inévitablement tomber. C'est ainsi qu'il a assumé sur sa tête une grave responsabilité.

» Voyant la tournure que prenaient les choses, dans l'intérêt de la malade, j'offris de faire venir, à mes frais, MM. Dièche ou Bourgeois. Mme Gillet me pria de n'en rien faire ; elle craignait avec raison d'effrayer l'imagination de sa fille par la vue de tant de médecins : nouvelle preuve que le mal n'était pas *alors* si grave qu'on l'a dit ; et moi qui compte ma réputation pour rien devant le salut de mes malades, j'eus la faiblesse d'y consentir sur la promesse formelle qu'on appellerait M. Rougeon. Voilà le seul reproche que j'aie à me faire ; oui, j'eusse dû faire venir immédiatement l'un de ces honorables confrères ! le mal n'était peut-être pas encore fait et la malade était sauvée !

» Vers une heure et demie je suis rappelé. Arrivé près de la malade que je n'avais pas vue depuis huit heures, on me dit qu'elle vient d'avoir une faiblesse, qu'on ne peut arrêter le sang qui coule des plaies faites par les sangsues. A ce mot, prompt comme l'éclair, je prends mon chapeau et je m'enfuis. Mme Gillet, effrayée, court après moi. Je lui dis que je ne puis approuver ce que j'ai énergiquement blâmé le matin, qu'il m'est impossible de sanctionner, par ma présence, une médication que je regarde comme funeste, que depuis huit heures la direction de la maladie appartient à M. Rampont, et qu'on ait à l'aller chercher au plus vite. Cinq minutes après, l'oncle de la malade était chez moi. Oh ! alors ma douleur, contenue depuis le matin, a débordé. J'étais chez moi ;

j'ai prononcé des paroles sévères, j'ai cité des exemples qui eussent dû ouvrir les yeux des plus aveugles (Virginie Tillet, V⁰ Le Maire), j'ai tonné contre le commérage et les commères qui, non contentes de m'avoir enlevé l'honneur d'une belle cure, d'une cure dont j'étais certain, ne se gênaient pas pour me décrier impitoyablement depuis que l'oracle avait parlé.

» Je n'ai pas le courage d'achever... ; votre fils est venu, dans la soirée, pleurer avec moi. — Ma pauvre femme ! m'a-t-il dit, avait perdu la tête ; si j'eusse été là ce matin, tout cela ne serait pas arrivé. — Ces simples paroles sont ma consolation ; elles me vengent de toutes les indignités dont je me suis vu l'objet. J'ai demandé directement l'explication de ces infamies à M. Rampont qui m'en était signalé comme l'auteur. Après cinq jours de réflexions, il se décida enfin à m'envoyer une lettre de bienveillante protection ! A la bonne heure ! je ne l'eusse jamais deviné ! Oh ! je suis bien ingrat ! Par malheur, cette lettre a le triste mérite de ne répondre à aucune des demandes, si précises, que j'ai adressées à M. Rampont. En ne répondant pas, M. Rampont se donne un tort bien grave ; il s'expose à se faire appliquer cet axiome du droit : « Celui-là l'a fait qui avait intérêt à le faire. »

» Voilà une bien longue lettre, mais il m'est impossible d'en rien retrancher. Que serait-ce, si je fusse entré dans les détails scientifiques qui ne peuvent être compris et appréciés que par les médecins ? Je me suis attaché à dégager seulement la vérité de tous les mensonges, à la rendre claire pour tout le monde : il n'y a que ceux qui ont intérêt au mensonge qui redoutent la vérité.

» Recevez l'assurance de la haute estime avec laquelle j'ai l'honneur d'être,

» *Le médecin des épidémies du canton d'Ecouen,*

J.-L. Marie. »

Sarcelles, le 6 octobre 1841.

» *P. S.* Je vous envoie sous ce pli la copie de deux lettres que j'ai adressées à M. Rampont, le 1er et le 4 courant, ainsi que celle qu'il m'adresse ce soir : vous jugerez ! »

Mon but sera atteint, si ces lettres montrent enfin le danger de toutes ces consultations intempestives, qui ne sont la plupart du temps que le résultat d'une rouerie indigne ; leur danger est réel, bien des fois les médecins l'ont signalé, il fait plus de victimes qu'on ne pense.

Quand donc aurons-nous ces conseils disciplinaires que réclame la voix de tous les médecins honnêtes ! Certes, je professe une haute estime pour les corps respectables du notariat, du barreau, etc. ; mais, sauf le respect qui leur est dû, il est permis de penser que leurs chambres de discipline, sans rien ôter à la liberté de chaque membre, contribuent beaucoup à maintenir entre eux la dignité. Il est déplorable que la médecine en soit dépourvue. Sous le spécieux prétexte d'une liberté illimitée, l'intrigue s'agite sans frein, et, par le temps d'industrialisme qui court, la plus belle des professions est livrée sans défense à la merci du commérage et de l'intrigue.

Encore un mot. A moins d'être sourd, j'ai dû parfaitement entendre M. Rampont, puisque de sa plus grosse voix il m'a crié entendez-vous ? J'ai donc prêté l'oreille, j'ai écouté bien attentivement. Je ne sais si le public a fait comme moi ; mais après avoir essayé vainement de comprendre le sens mystérieux de la seconde phrase qui commence par *car*, je n'ai plus rien entendu, sinon qu'en se proposant en exemple et s'exclamant qu'il n'avait pas peur de je ne sais quel tribunal imaginaire, M. Rampont tremblait pourtant de recevoir encore une lettre de moi. Dormez tranquillement, M. Rampont ; je ne vous citerai devant aucun tribunal autre que celui de l'opinion, je ne vous écrirai même plus, puisque cela paraît vous faire plaisir ; mais je livre au public une correspondance, peut-être daignera-t-il vous en faire part.

Sarcelles , 7 octobre 18   J. L. MARIE.